# Selbstbewusstsein für Kindern

Strategien zum Aufbau eines gesunden Selbstvertrauens, Selbstbewusstseins und Resilienz für Kinder. Inklusive Action Plan und Schritt für Schritt Anleitung.

Paula Käsgen

# Inhaltsverzeichnis

# Vorwort

In diesem E-Book widmen wir uns einem Thema, das uns selbst besonders am Herzen liegt. Es dreht sich alles um das Thema Selbstbewusstsein für Kinder – ein Thema, das oftmals in seiner Wichtigkeit unterschätzt wird.

Ein gesundes Selbstbewusstsein entsteht nicht ganz plötzlich, sondern entwickelt sich über mehrere Monate und Jahre. Deshalb ist es von großer Bedeutung, dass man Kinder, aber auch junge Menschen auf diesem Weg unterstützt und begleitet, damit dadurch die Entwicklung eines starken Selbstbewusstseins und gesunden Selbstvertrauens auf natürliche Art und Weise gefördert wird. Die Entwicklung eines starken Selbstbewusstseins legt den Grundstein für die Zukunft eines jeden Kindes und ist in vielerlei Hinsicht auch dafür verantwortlich, wie es künftig mit bestimmten Lebenssituationen umgehen wird. Was nun genau darunter zu verstehen ist, warum ein starkes Selbstvertrauen von einer solch großen Wichtigkeit ist, und welche Probleme ein angeknackstes Selbstbewusstsein mit sich bringt, werden wir Ihnen im Rahmen dieses E-Books näher erklären.

Da Erziehung nicht immer eindeutig ist, und viele Dinge, die in erster Linie eigentlich ganz logisch erscheinen, dann doch nicht so förderlich für die Entwicklung eines gesunden Selbstbewusstseins sind, haben wir für dieses E-Book einige Punkte gesammelt, die wir für besonders interessant halten, und wollen Ihnen ebenso einige Tipps mit auf den Weg geben, damit Sie von nun an wissen, wie Sie mit diesem Thema umgehen können und Kinder dabei ideal unterstützen können.

Wir wünschen Ihnen jetzt schon viel Spaß beim Lesen und vielleicht ist der eine oder andere Punkt dabei, den Sie sofort anwenden oder künftig gerne in Ihre Erziehung integrieren können. Gutes Gelingen!

# 1. Einführung

Wie Sie schon gelesen haben, beschäftigen wir uns in diesem E-Book mit dem Thema Selbstbewusstsein für Kinder – also damit, wie man Kindern Selbstvertrauen anlernen kann und ihnen gleichzeitig eine saftige Portion Selbstbewusstsein mit auf den Weg geben kann.

Ein positives Selbstbild ist längst keine Selbstverständlichkeit mehr und auch muss man lernen, eine gewisse Selbstliebe zu entwickeln. Es sind verschiedene Faktoren, die zusammentreffen, aber ist es tatsächlich so, dass wir Menschen nur dann ein positives Selbstwertgefühl und Selbstvertrauen aufbauen können, wenn wir auch positiv über uns selbst denken. Ein positives Selbstbild macht uns nämlich automatisch stärker und resistenter, auch können wir mit den kleinen Hürden und Hindernissen des Alltags besser umgehen, wenn wir eine gewisse Grundstärke haben.

Denkt man nämlich nur Negatives und macht sich selbst klein, ist auch das Selbstwertgefühl und damit ganz automatisch das Selbstbewusstsein gering. Die kleinsten Problemchen treffen einen dann wie ein harter Schlag ins Gesicht, und aus jeder noch so kleinen Mücke wird schnell ein Elefant. Bei diesem Wissen handelt es sich gewiss um keine Überraschung, aber oftmals wird dieser wichtige Teil in der Erziehung vergessen oder ihm keine ausreichende Beachtung geschenkt – wird ein gesundes Selbstvertrauen doch eigentlich vorausgesetzt und als „automatisch vorhanden" angesehen.

Deshalb wollen wir uns näher damit beschäftigen und Ihnen im Laufe dieses E-Books einige gute Tipps auf den Weg geben, damit Sie ein besseres Gefühl dafür bekommen, wie Sie Kinder bestmöglich auf deren Lebensweg unterstützen können. Tatsächlich ist es nämlich so, dass das Fundament für unser Selbstwertgefühl, unser Selbstvertrauen und die innere Stärke schon in der Kindheit gelegt wird.

Dazu ist es wichtig, einen Blick auf die geistige Entwicklung der Menschen zu werfen. Unsere Wahrnehmung, aber auch Denkprozesse kommen nicht einfach aus dem Nirgendwo, sondern entwickeln sich langsam im Lauf der Zeit und des Heranwachsens. Es ist ein vielschichtiger Prozess, der in der frühen Kindheit beginnt. Von einfachen Bewegungsabläufen bis hin zum Hören, Sehen oder Fühlen oder aber auch dem Erlernen einer Sprache oder den Denkprozessen, lernt man als Kind allmählich. Auch wenn es noch lange dauert, bis das Kind erwachsen ist, lernt es mit der Zeit auch komplexeres Denken – wenn natürlich auch auf eine ganz eigene, eher kindliche Art und Weise.

Kinder sind dabei von Geburt an neugierig. Schon als Baby setzen sie sich mit der Umgebung auseinander und versuchen, die Welt zu verstehen und daran teilzuhaben. Sinneseindrücke werden verarbeitet und Zusammenhänge auf eine spielerische Art und Weise überprüft. Im zweiten Lebensjahr setzen sich Kinder intensiv mit räumlichen Beziehungen auseinander. Bestimmt kennen Sie es von sich selbst, Ihren eigenen Kindern oder den Kindern von Bekannten - absolut unermüdlich werden unterschiedlich große Behältnisse ein- und ausgeräumt oder die Tupperware von A nach B und wieder zurück geschlichtet.

Spiele mit Formen, Schachteln oder Dosen sind wichtig, um eine räumliche Vorstellung zu entwickeln, brennende Neugierde und hartnäckiger Eifer helfen bei den Lernprozessen. Im selben Alter beginnen Kinder damit, Dinge selbst machen zu wollen. Sie versuchen, sich selbst die Zähne zu putzen oder mit dem kleinen Löffelchen zu essen und auch das Halten des Telefonhörers am Ohr haben sie sich bereits gut abgeguckt. Mit circa anderthalb Jahren können Kinder dann auch einfache Formen unterscheiden und beginnen diese zu sortieren. Auch entwickeln sie plötzlich eine noch nie da gewesene Freude an verschiedenen Farben, ebenso wie ein Interesse an unterschiedlichen Materialien. Gegenstände bekommen plötzlich ganz andere Bedeutungen.

Am Ende des zweiten Lebensjahres können Kinder auch mit Stofftieren kleine Alltagsszenen nachspielen. Puppen werden gewickelt, gebadet oder angezogen und der Teddy bekommt etwas zu essen und zu trinken. Auch werden Gegenstände logisch eingesetzt – ein Schuh wird zum Auto und fährt über den Teppich. Das klappt dank stabiler innerer Vorstellung schon ganz gut! Auch entwickeln Kinder dann die Fähigkeit, Handlungen zu Ende zu denken, ohne dass diese vorher praktisch ausprobiert werden müssen. Die Vorstellungskraft ist also schon so weit ausgeprägt, dass die Ergebnisse von Handlungen gedacht werden.

Manchmal werden das Denken und das Tun jedoch verwechselt. Kinder glauben dann ganz fest daran, etwas bereits getan zu haben – derweil wurde es bisher nur gedacht. Ab dem Beginn des dritten Lebensjahres werden einfache Zusammenhänge zwischen Ursache und Wirkung begriffen. Das Denken ist grundsätzlich aber sehr ichbezogen – die Tatsache, dass andere Menschen andere Vorstellungen von der Welt haben, wird nicht gesehen bzw. reicht die Vorstellungskraft hier noch nicht so weit. Auch was Zeitspannen sind, wissen Kinder in diesem Alter noch nicht – diese Erkenntnisse folgen etwas später. Aber Kinder wollen trotzdem unbedingt mehr lernen und Neues erfahren.

Die Neugierde ist also nach wie vor ein großes und wichtiges Thema. Ab dem vierten Lebensjahr werden Puzzles, aber auch Memorys heiß begehrt. Ein enorm komplexes Gedächtnis entwickelt sich langsam, aber Kinder lernen schnell und können deshalb bald ganz mühelos neue Kinderlieder singen oder einfache Geschichten nacherzählen. Manche Kinder können auch schon Zahlen oder einige Buchstaben oder simple Worte lesen. Und so beginnt dann die Vorbereitung auf die Schule. Warum ist die Wiese grün und warum singen Vögel? Fragen über Fragen helfen dem Kind dabei, das Allgemeinwissen zu vergrößern, Grundfarben kennenzulernen, und zwischen einfachen Formen wie einem Kreis, Würfel oder Quadrat zu unterscheiden.

Kinder wünschen sich außerdem Erklärungen für ihre eigene Welt. Ab einem Alter von fünf Jahren wird nämlich durch eigenes Tun und die daraus gewonnenen Erfahrungen, gelernt. Manche Kinder interessieren sich in diesem Alter besonders für Buchstaben und Zahlen, andere dahingegen so gut wie gar nicht. Sollte sich Ihr Kind noch nicht dafür interessieren, ist das völlig normal. Gerade in diesem Alter sollte eine Beschäftigung damit Spaß machen, und eher spielerisch sein als mit einem Lerneffekt verbunden. Und dann beginnt auch schon der „Ernst" – wenn Kinder zwischen sechs und sieben Jahre alt werden, wird aus dem einst kindlichen Denken ein zunehmend logisches Denken. Die Weiterentwicklung verläuft nun in kleineren Etappen.

Ab dem zwölften Lebensjahr sind die Fähigkeiten eines Kindes zu denken kaum noch von den Fähigkeiten der Erwachsenen zu unterscheiden. Gerade in diesem Alter stellen viele Eltern fest, wie schnell sich ihre Kinder doch weiterentwickeln, und wie erwachsen sie schon sind – diese Aussagen kommen nicht von ungefähr, sondern basieren ganz klar auf der Tatsache, dass die Kinder ab diesem Alter schon sehr erwachsen denken können und sich logische Vorgehensweisen nicht mehr von denen eines Erwachsenen unterscheiden lassen. Natürlich fehlt es noch an Lebenserfahrung, aber auch diese wird stetig zunehmen und nicht lange auf sich warten lassen.

Wie Sie anhand dieser Timeline erkennen können, entwickeln sich Kinder langsam, aber doch ziemlich offensichtlich vom Säugling hin zu einem Kind, das ähnlich denkt, wie Erwachsene. Grundlegende Entwicklungen in den Denkprozessen, aber auch wie Informationen verarbeitet werden, finden bereits in einem recht jungen Alter statt. Deshalb sollten wir Kinder auch möglichst früh fördern, um ein gesundes Selbstbewusstsein und positive Selbstwertgefühle von Grund auf aufzubauen. So kann auf jeden Fall garantiert werden, dass die Kinder mit mehr Stärke und Resilienz durch die wichtigen Etappen im Leben schreiten werden, und nicht erst als junge Erwachsene lernen müssen, was denn Selbstvertrauen überhaupt bedeutet, und wie dieses erlernt werden kann.

Bevor wir uns nun dem zweiten Kapitel zuwenden, folgt noch ein kleiner Überblick über die weiteren Inhalte dieses E-Books. Im Anschluss an dieses Kapitel widmen wir uns den einzelnen Begrifflichkeiten Selbstvertrauen, Selbstbewusstsein oder Selbstwertgefühl und lernen auch zu verstehen, wie eng diese miteinander verknüpft sind, und worauf es dann eigentlich ankommt. Auch versuchen wir Ihnen zu erklären, wie Sie diese Begriffe auseinanderhalten können, und warum eine enge Verknüpfung aber durchaus sinnvoll ist. Im dritten Kapitel kommen wir auf die Einflussfaktoren eines gesunden Selbstbewusstseins zu sprechen. Hier werden wir Ihnen vor allem die Wichtigkeit von sozialen Beziehungen – also beispielsweise Freundschaften oder Beziehungen – erläutern, und dann auf das Thema Schönheit, das ebenso einen wichtigen Beitrag zu dieser Thematik leistet, zu sprechen kommen.

In Kapitel 4 möchten wir Ihnen einige Punkte nennen, die möglicherweise Anzeichen für ein geringes Selbstwertgefühl sein können, und Ihnen bewusst machen sollten, dass vielleicht gemeinsam mit Ihrem Kind an einem gesunden Selbstbewusstsein gearbeitet werden muss. Glücklicherweise weiß man, dass es auch Dinge gibt, die eher negative Auswirkungen auf das Selbstbewusstsein eines Kindes haben. Mit diesem Wissen fahren wir im fünften Kapitel fort und geben Ihnen einige Tipps, wie Sie diese Beziehungskiller am besten vermeiden können, und welche Alternativen es gibt. Wenn man weiß, was nicht förderlich ist, hat man es generell im Umgang mit Kindern leichter, und kann sich auf deren Anforderungen und Bedürfnisse besser einstellen.

Im sechsten Kapitel stellen wir Ihnen die wichtigsten Strategien vor, die Sie ganz bewusst einsetzen, und mit denen Sie Kinder in ihrer Entwicklung in ausreichender Art und Weise fördern können. Denn so kann zumindest eine gute Grundlage gelegt werden und damit steigt die Chance, dass ein starkes Selbstbewusstsein aufgebaut werden kann. Dass das Kind selbstbewusst und stark durch das Leben gehen kann, wird so zumindest eingehend gefördert.

Und im siebenten und letzten Kapitel folgt eine kurze Schritt-für-Schritt-Anleitung, die dazu dienen soll, auch gleich praktisch ans

Werk zu gehen, und nicht nur die Theorie kennen gelernt zu haben. Wichtig ist: Es ist nur das gut oder geeignet für Sie und Ihr Kind, was sich auch richtig anfühlt. Haben Sie kein gutes Gefühl bei einem der Schritte oder sehen Sie, wie sich Ihr Kind sichtlich schwertut, passen Sie den Schritt an Ihre Lebensumstände an, denn nur so können Sie auch erfolgreich sein.

Wir wünschen Ihnen viel Freude mit diesem E-Book und hoffen, Ihnen die Wichtigkeit dieses Themas bewusst zu machen.

# 2. Allgemeines zum Thema Selbstbewusstsein

Was versteht man denn überhaupt unter Selbstvertrauen, Selbstbewusstsein oder Selbstwertgefühl? Und was ist gesundes Selbstvertrauen oder starkes Selbstbewusstsein? Das sind viele Begriffe, die gerne und oft synonym verwendet werden. Bevor wir uns näher mit dem Thema Selbstbewusstsein für Kinder beschäftigen, wollen wir einen Blick auf diese Definitionen und Begrifflichkeiten werfen.

Gerade Selbstvertrauen und Selbstwertgefühl sind Begriffe, die oft synonym verwendet werden. Obwohl es in der Tat ganz eindeutige Überschneidungen gibt, gibt es aber auch subtile Unterschiede.

Selbstvertrauen oder Selbstbewusstsein kann sich darauf beziehen, wie wir über uns selbst und unsere Fähigkeiten denken. Selbstvertrauen ist also der Glaube an sich selbst und an die eigenen Fähigkeiten. Es beschreibt einen inneren Zustand, der aus dem besteht, was wir über uns selbst denken und fühlen – auch auf bestimmte, herausfordernde Situationen bezogen. Dieser Zustand ist veränderbar. Je nachdem, in welcher Situation wir uns gerade befinden und wie wir auf die Ereignisse um uns herum reagieren.

Es ist nicht ungewöhnlich, dass man sich in manchen Situationen recht zuversichtlich und in anderen dahingegen weniger zuversichtlich fühlt. Diese Gefühle werden nämlich auch von vergangenen Ereignissen und der Art und Weise, wie wir uns an diese Ereignisse erinnern, beeinflusst. Auch die Erinnerung an einen früheren Erfolg, der in unserer Kindheit oder in den jungen Jahren stattgefunden hat, hat ein ganz anderes Ergebnis in Bezug auf unser Selbstvertrauen, als das Nachdenken über eine Gelegenheit, bei der wir eventuell gescheitert sind. Es sind also auch die Erfahrungen, die uns prägen und einen wichtigen Beitrag zu einem gesunden Selbstvertrauen leisten.

Selbstachtung oder Selbstwertgefühl hingegen bezieht sich direkt darauf, ob wir uns selbst lieben und schätzen. Selbstliebe wird oft verwechselt mit Angeberei. Schon in jungen Jahren gibt man einem Kind mit, dass es ja kein Angeber werden soll. Angeber sind diejenigen, die sich besonders prahlerisch verhalten und anderen immer zeigen wollen, wie toll sie sind. Die Grenze zwischen einem gesunden Maß an Selbstliebe und Prahlerei ist sehr eng zu sehen – vor allem in einem jungen Alter gibt es oft keine ganz klare Abgrenzung. Man kann davon ausgehen, dass Kinder in diesem Alter noch nicht bewusst prahlen, sondern ein bestimmtes Verhalten kopieren. Deshalb ist es wichtig, dass man einem Kind schon recht früh den Unterschied zwischen Angeberei und Selbstliebe erklärt.

Ein gesundes Maß an Selbstliebe ist nämlich dringend notwendig, um die Herausforderungen des alltäglichen Lebens mit Bravour zu meistern, und am Leben aktiv teilnehmen zu können. Selbstwertgefühl ist also unser wahrer innerer Kern. Wenn man bewusst in sich selbst ruht und sich dabei durch und durch wohlfühlt, dann hat man ein gutes Selbstwertgefühl. Es ist das bewusste Wissen, aber auch das bewusste Erleben, wer wir sind. Und hier ist auch die Verknüpfung der Begrifflichkeiten zu sehen: Man könnte nämlich sagen, dass ein gesundes Selbstwertgefühl und Selbstliebe dazu führen, dass man selbstbewusst ist und ein starkes Selbstvertrauen hat.

Man weiß mittlerweile auch, dass die Bedingungen unter denen wir aufwachsen und die Erfahrungen, die wir von klein auf machen, dafür verantwortlich sind, wie sich unser Selbstwertgefühl entwickelt und damit auch, wie selbstbewusst wir künftig durch das Leben gehen. Wenn wir also Glück haben, und unter relativ günstigen Bedingungen aufwachsen und Erfahrungen sammeln, die förderlich für unser Selbstbewusstsein sind, werden wir wahrscheinlich ein gesundes Selbstwertgefühl entwickeln können, und zu selbstbewussten Menschen heranwachsen. Wenn die Bedingungen und Erfahrungen jedoch hauptsächlich negativ sind, werden wir eher Schwierigkeiten haben, ein starkes Selbstbewusstsein zu entwickeln. Negatives kann recht schnell und einfach verinnerlicht werden, und kann dadurch zu einem Teil dessen werden, was wir über uns selbst denken und fühlen.

Und bei Kindern ist das nicht viel anders als bei uns Erwachsenen. Wenn sich Kinder wohlfühlen, sind sie auf Erfolg eingestellt. Das reicht dann von der Schule bis hin zur engen Freundschaft. Positive Gefühle, wie Selbstakzeptanz oder Selbstvertrauen, helfen Kindern, neue Herausforderungen und schwierige Situationen zu meistern, mit Fehlern besser umzugehen, und es einfach erneut zu versuchen, wenn es beim ersten Mal doch nicht so gut geklappt hat. Wenn Kinder selbst stolz auf ihre Fähigkeiten und Leistungen sind, hilft ihnen das, auch künftig ihr Bestes zu geben.

Im Gegensatz dazu können sich Kinder mit einem geringen Selbstwertgefühl unsicher fühlen. Sie gehen dann davon aus, dass andere sie nicht als die Person akzeptieren, die sie sind, und grenzen sich oft selbst von Aktivitäten aus. Sie behandeln sich schlecht und haben es schwer, für sich selbst und ihre Rechte, Wünsche oder Bedürfnisse einzustehen. Kinder, die nicht glauben, gut zu sein, vermeiden Herausforderungen generell, geben leichter auf, und sind oft nicht in der Lage, sich von Fehlern zu erholen. Auf lange Sicht kann ein geringes Selbstwertgefühl Erfolg blockieren und uns das Leben ganz schön vermiesen.

Wie schwächen uns die Auswirkungen eines niedrigen Selbstvertrauens?

Halten Sie kurz inne und überlegen Sie, was passiert, wenn Sie ein geringes Selbstbewusstsein haben. Überlegen Sie, wie es ist, wenn Sie das Gefühl haben, dass Sie von jemandem abgelehnt und überhaupt nicht akzeptiert werden. Überlegen Sie, wie es Ihnen dabei geht und wie Sie sich in diesem Augenblick fühlen. Und nun denken Sie daran, wie es für Ihr Kind ist. Stellen Sie sich vor, dass das Kind in der Schule von seinen Klassenkameraden nicht akzeptiert wird. Bei gemeinschaftlichen Spielen darf es nicht dabei sein oder wird nicht ins Team gewählt, Freunde hat es so gut wie keine.

Überlegen Sie, wie sich Ihr Kind dabei fühlen wird. Wenn Sie an diese Szenarien denken, werden Sie künftig Angst davor haben, Ihren Mitmenschen gegenüberzutreten. Es hat Angst davor, Ablehnungen zu riskieren. Auch wenn Sie bisher nur einmal offensichtlich abgelehnt wurden, ist es eine Erinnerung, die bleibt, und die eine tiefe Wunde hinterlässt. Negative Erfahrungen führen dazu, dass man Ähnliches nicht wieder riskiert, und das passiert am einfachsten dadurch, in dem man potenziell „gefährlichen" Situationen künftig aus dem Weg geht. Dieses Verhalten ist nicht nur auf ein niedriges Selbstbewusstsein zurückzuführen, sondern hat noch weitere Nachteile. Auf diese Art und Weise macht Sie ein ungesundes Selbstbewusstsein auch stetig schwächer und schwächer und eine Erholung aus diesem Kreislauf ist nur mit viel Zeit, Mühe und Anstrengung möglich.

Wie stärkt uns ein gesundes Selbstbewusstsein?

Umgekehrt ist es so: Wenn Sie ein gesundes Selbstvertrauen haben, haben Sie keinen Zweifel daran, abgelehnt zu werden. Sie gehen davon aus, dass Sie ein toller Mensch sind, der leicht akzeptiert wird und der gut mit anderen Menschen kann. Sie sehen sich selbst als beliebten Menschen, kennen Ihre Vorzüge und wissen, dass Sie Ihre Schwächen – die hat nämlich jeder Mensch – ganz einfach mit Ihren Stärken ausgleichen können, und aufgrund Ihrer positiven Art andere Menschen bezaubern. Sie haben deshalb auch keine Angst davor, dass Sie in Situationen nicht akzeptiert werden oder man Sie ablehnt. Sie wissen ganz genau, dass Sie einen wertvollen Beitrag im Miteinander leisten, und deshalb können Sie stark durch das Leben gehen.

Mit Herausforderungen gehen Sie einfach um, soziale Angst oder Unsicherheiten kennen Sie nicht. Denken Sie daran, wie Sie eine neue Aufgabe meistern. Denken Sie daran, dass Sie aufgrund Ihrer Stärken ganz genau wissen, was zu tun ist, und sollten Sie nicht die notwendigen Erfahrungen mitbringen, können Sie sich dank sozialer Kontakte auf einen netten Kollegen verlassen, der Ihnen gerne weiterhilft. Nun denken Sie an Ihr Kind, wie es positiv eingestellt durch das Leben geht, keine Angst vor Herausforderungen hat und nach Niederschlägen aufsteht und es erneut versucht – immer wieder und wieder, bis es endlich klappt. Auf diese Weise macht uns Menschen ein hohes Selbstvertrauen mit der Zeit immer stärker. Auch hier beginnt ein Kreislauf – allerdings ist dieser Kreislauf positiv und wird uns in unserem Leben weiterbringen.

Ein gesundes Selbstbewusstsein aufzubauen, ist jedoch kein Kinderspiel. Es ist wichtig, dass Sie Zeit und Mühen investieren und an Ihrem Selbstbewusstsein arbeiten. Denn das kommt Ihnen und Ihren Kindern zugute.

Im nächsten Kapitel nennen wir die wichtigsten Einflussfaktoren auf das Selbstbewusstsein von Kindern. Sie werden überrascht sein!

# 3. Einflussfaktoren auf das Selbstbewusstsein

Neben den Eltern haben später auch Lehrer oder gleichaltrige Kinder einen großen Einfluss auf das Selbstwertgefühl. Das Selbstvertrauen an sich wird aber schon in den ersten sechs Lebensjahren aufgebaut, und die Erfahrungen, die in diesen jungen Jahren gemacht werden, sind für Kinder besonders prägend. Deshalb ist von großer Bedeutung, wie man mit Kindern generell kommuniziert und diese behandelt.

Wenn sich der Sohnemann im Supermarkt ganz dramatisch zu Boden wirft und lautstark zu schreien oder gar weinen beginnt, weil er keinen Schokoriegel haben darf, dann denken Sie bestimmt als Erstes an eine kleine Strafe, die er sich aufgrund seines Fehlverhaltens mehr als nur verdient hat. Das liegt ja auch wirklich nahe! Immerhin soll er sich doch merken, dass dieses Verhalten grundsätzlich falsch ist, nicht akzeptiert werden kann, und es im Leben nicht immer nach dem eigenen Kopf geht. Hört sich doch recht plausibel an, doch ist das Kind in diesem Alter viel zu klein, um den Zusammenhang zwischen seinem Verhalten und der Strafe überhaupt zu verstehen.

Und auch, wenn es eine Idee hat, warum es bestraft wird, hat die Strafe zusätzlich noch ganz andere Folgen. Kinder, die nämlich den Eindruck haben, es keinem Recht zu machen und häufig bestraft werden, entwickeln ein geringes Selbstwertgefühl. Das heißt natürlich nicht, dass Sie alles zulassen sollten oder das Fehlverhalten eines Kindes immer zu tolerieren ist. Es heißt aber sehr wohl, dass man den Ansatzpunkt vielleicht etwas adaptieren sollte und sich überlegen sollte, wie man mit einer solchen Situation anders umgehen kann.

Das passiert übrigens auch dann, wenn Sie Kinder immer wieder mit anderen vergleichen oder Sie von einem Kind erwarten, dass es grundsätzlich alles richtig machen muss. Besonders hohe Ansprüche und

Erwartungen an Ihr Kind können sich nämlich ebenso negativ auf die Entwicklung eines gesunden Selbstvertrauens auswirken, wie Strafen. Deshalb ist es auch so wichtig, dass wir unsere Kinder in den ersten Lebensjahren unterstützen und falsches Verhalten versuchen, zu erklären, ohne dabei Vergleiche mit anderen Kindern anzustellen oder Strafen für Fehlverhalten auszusprechen. Das klingt zwar nach einer Herausforderung, ist aber gar nicht so schwer, wenn man es versucht.

Folgende Punkte sind wichtig für Kinder und sollten von Eltern, Erziehungsberechtigten, Lehrkräften und dergleichen unbedingt verstanden werden, um dem Kind eine solide Basis zu geben und einen Grundstein für die künftige Entwicklung zu legen.

## 1. Die Macht der sozialen Beziehungen

Spätestens im Erwachsenenalter weiß man über die Wichtigkeit von sozialen Beziehungen Bescheid. Ehrliche Freunde, die einen durch schwierige Zeiten begleiten oder wertschätzende Vorgesetzte, die an einen glauben und den Aufstieg im Unternehmen ermöglichen –soziale Beziehungen sind wichtig für uns! Denn so ganz ohne Kontakte oder Networking wird man weder privat noch beruflich etwas erreichen können – so auch die Ratschläge in Zeitungen, Büchern, dem TV und Internet. Und dass dies nicht ganz unwahr ist, wissen Sie bestimmt genauso gut, wie wir! Denken Sie, dass es im Kindesalter anders ist? Glauben Sie, dass Kinder ohne Schulfreunde gerne in die Schule gehen? Bestimmt nicht!

Bereits im jungen Alter entwickeln sich nämlich die ersten Freundschaften zwischen einem Kind und anderen, gleichaltrigen Kindern oder Kindern in ähnlichem Alter. Anfangs wird in der Sandkiste gemeinsam gespielt, später gemeinsam zur Schule gegangen und dann folgen gemeinsame Spielenachmittage und lustige Pyjamapartys. Das alles ist wichtig für das Kind und sollte deshalb unterstützt und nicht verboten werden. Für Kinder ist es besonders wichtig, dass sie von gleichaltrigen Freunden oder auch Mitschülern gemocht werden. Die

Beliebtheit ist wichtig für die Entwicklung eines starken Selbstvertrauens. Werden Kinder aber gemobbt oder gar ausgeschlossen, kann dies dazu führen, dass sie sich verschließen und klein machen. Manchmal grenzen sich Kinder bewusst aus – das sollte Ihnen auf jeden Fall zu denken geben, und hier sollte überlegt werden, was ursächlich für das Verhalten des Kindes sein könnte. Hat das Selbstwertgefühl nämlich einen Knacks, ist es schwer, sich davon zu erholen und die Gefahren von sozialen Phobien sind groß. Unterschätzen Sie also nicht die Wichtigkeit von sozialen Beziehungen im jungen Alter – genauso, wie Sie gerne von guten Freunden oder Kollegen umgeben sind, genießen Kinder die Anwesenheit von gleichaltrigen Kameraden oder Spielgefährten!

## 2. Schönheit aus Kinderaugen

Sie haben richtig gelesen! Schönheit geht auch an Kindern nicht spurlos vorbei und das, obwohl doch überall propagiert wird, dass Schönheit im Auge des Betrachters liegt und eigentlich rein subjektiv ist. Das ist grundsätzlich auch richtig. Doch Kinder können mit diesen Begriffen noch recht wenig anfangen. „Schön" ist, wer gleich ist und in das eigene Bild passt. Jeder, der anders aussieht oder nicht in das übliche Schema passt, sieht in Kindesaugen schnell „komisch" aus. Und attraktive Menschen werden dann auch eher gemocht, sind von Haus aus beliebter und bekommen außerdem mehr Aufmerksamkeit geschenkt. Und das lernen Kinder schon in der Schulzeit.

Hier gibt es keine Unterschiede für Jungen oder Mädchen, das Äußere ist für beide gleichermaßen wichtig. Zum Aussehen zählt nicht das äußere Erscheinungsbild eines Kindes, sondern auch die Kleidung. Achtung, das bedeutet natürlich nicht, dass man einem Kind teure Markenkleidung kaufen sollte oder diese mit der Beliebtheit Ihres Kindes korreliert. Wir reden hier lediglich von sauberer, intakter Kleidung. Kinder sind besonders ehrlich, denn sie müssen erst lernen, wie man mit anderen Menschen richtig umgeht, und welche Dinge man laut sagen sollte, und welche eher nicht. Deshalb kann es schnell passieren, dass Kinder andere aufgrund von kaputten Kleidungsstücken hänseln. Und das wiederum führt dazu, dass Ihr Kind ausgegrenzt wird oder sich aufgrund beleidigender Aussagen minderwertig fühlt. Wenn Sie merken, dass sich ein Kind aufgrund seines Aussehens unwohl fühlt, gehen Sie dem Verhalten auf den Grund und versuchen Sie, die Ursache zu erfragen. Handelt es sich um eine Kleinigkeit, die man schnell verändern kann, steht dieser Veränderung meist nichts im Weg und das Kind wird es einem danken!

## 3.  Die körperliche Verfassung Ihres Kindes

Denken Sie zurück an Ihre Schulzeit. Wurden im Turnunterricht oft Mannschaftsspiele wie Völkerball, Fußball oder ein anderes Ballspiel gespielt? Wann wurden Sie ausgewählt, um ein Team zu ergänzen? Erinnern Sie sich auch an denjenigen, der als Letzter ausgewählt wurde? Wenn Sie es waren, dann können Sie sich bestimmt gut an dieses Gefühl erinnern. Der Mannschaftsführer wählt einen nach dem anderen aus, doch Ihr Name fällt nicht. Und plötzlich sind nur noch Sie und ein zweites Kind nicht aufgerufen worden. Das andere Kind wird gewählt, und Sie bleiben übrig. Sie werden also der Mannschaft mit weniger Spielern zugeteilt.

Der Gesichtsausdruck der ganzen Mannschaft ist wie versteinert. „Was machen wir denn mit dem/der?", hören Sie von allen Seiten. Nicht gerade das, was Sie hören wollen, aber für Ihre Gefühle interessiert sich auch keiner. Nicht einmal der Sportlehrer greift ein, sondern fordert alle dazu auf, sich zusammenzureißen und Teamgeist zu beweisen.

Nicht jedes Kind ist gleich sportlich – manche Kinder sind kreativ, andere sprachlich begabt und andere wiederum gute Turner. Jeder hat seine Eigenheiten, Stärken und eben auch Schwächen. Dafür muss man sich grundsätzlich auch nicht schämen, denn diese Eigenschaften zeichnen uns als Menschen aus, und machen uns zu dem, was wir sind.

Aber für ein Kind gibt es keine schlimmere Erfahrung, als im Turnunterricht nicht in die Mannschaft gewählt zu werden. Keiner will die

Niete in der Mannschaft haben, und wenn man dann in der Tat nicht ins Team geholt wird, dann ist das für ein Kind absolut demütigend. Keine noch so positiven Worte können dieses Gefühl verbessern. Taten sind nun mal wesentlich aussagekräftiger als Worte, und der Schmerz hat tief getroffen. Unterstützen Sie Ihr Kind aktiv – vor allem dann, wenn Sie sehen, dass Ihr Kind ausgegrenzt wird oder sich von gleichaltrigen Freunden abkapselt. Es gibt für ein Kind nichts Schlimmeres, als sich vor anderen zu blamieren.

# 4. Anzeichen für ein geringes Selbstbewusstsein

Vielleicht wissen Sie ja bereits, dass das Kind ein eher geringes Selbstbewusstsein hat, und sich in seiner Haut nicht wohlfühlt. Dann können Sie dieses Kapitel lesen, um Ihren Verdacht zu festigen oder aber noch weitere Anzeichen zu identifizieren, die zutreffen könnten. Sie können aber auch direkt mit dem fünften Kapitel fortfahren und dort die Killer eines starken Selbstbewusstseins und gesunden Selbstvertrauens kennenlernen.

Wenn Sie eigentlich nicht sicher sind, ob das Kind ein geringes Selbstbewusstsein hat oder nicht, dann können Sie in diesem Kapitel über die Anzeichen lernen, die auf ein solches hindeuten. Dieses Wissen ist definitiv eine gute Grundlage für die künftige Kommunikation mit Ihrem Kind. Um also herauszufinden, ob das Kind ein geringes Selbstbewusstsein hat oder nicht, müssen Sie nicht viel tun. Dies können Sie nämlich am einfachsten feststellen, indem Sie Ihrem Kind ganz aktiv zuhören. Zuhören sollten Sie einem Kind natürlich immer, aber wenn es darum geht, herauszufinden, wie ein Kind mit sich selbst zufrieden ist oder über sich selbst denkt, ist es am besten, wenn Sie sich Zeit nehmen, um dem Kind zuzuhören, und auch die Botschaften zwischen den Zeilen wahrzunehmen.

Denken Sie nun über die folgenden Punkte nach, und versuchen Sie, die Frage mit einem deutlichen Ja oder Nein zu beantworten.

**Ist Ihr Kind in Gegenwart anderer Menschen schüchtern?** Hiermit meinen wir nicht fremde Menschen, denen Ihr Kind auf der Straße begegnet, sondern Freunde oder Bekannte der Familie. Wie verhält sich Ihr Kind, wenn diese auf Besuch kommen? Nimmt es aktiv an Gesprächen teil und bringt sich ein? Möchte es vielleicht sogar mit jemandem spielen? Oder aber versteckt sich Ihr Kind hinter Ihnen und sagt so gut wie kein Wort? Versuchen Sie, die Frage mit einem Ja oder Nein zu beantworten.

**Redet Ihr Kind schlecht und geringschätzig von sich selbst?** Wenn Sie sich mit Ihrem Kind unterhalten, fallen vielleicht Sätze wie: „Das kann ich nicht." Oder: „Ich bin zu doof dafür." Das sind natürlich nur Beispiele – geringschätzende Aussagen können auch anders formuliert sein. Versuchen Sie, auch hier die Frage eindeutig mit Ja oder Nein zu beantworten.

**Vergleicht sich Ihr Kind laufend mit anderen Kindern?** Unterhalten Sie sich gezielt mit Ihrem Kind über die Schule. Fragen Sie es nach Freunden. Wie spricht Ihr Kind über seine Freunde? Erzählt es Ihnen über gemeinsame Pausenabenteuer? Oder aber vergleicht es sich laufend mit den Freunden und ist überzeugt davon, dass Lisa viel besser singen und Peter viel schneller laufen kann? Beantworten Sie die Frage mit einem Ja oder Nein.

**Spricht Ihr Kind oft von Freunden, und dass diese alles besser können oder viel beliebter sind als sie selbst?** Diese Frage können Sie im selben Schritt wie die Vorherige erfragen. Ist Ihr Kind überzeugt davon, dass andere alles besser können oder bei den anderen Klassenkameraden oder Lehrern viel beliebter sind? Dann merken Sie sich ein Ja oder Nein vor.

**Wäre Ihr Kind gerne jemand anders?** Hiermit meinen wir natürlich keine Träumereien und Idole! Wir alle hatten in der Kindheit Idole und wollten genauso berühmt werden, wie Britney Spears, Madonna oder Nike Carter von den Backstreet Boys. Und gewiss hatten wir alle Träume und wollten unbedingt Feuerwehrmann oder Tierärztin werden. Aber darum geht es hier nicht. Hier gilt es eher zu erfahren, ob Ihr Kind gerne mit einem Freund oder Schulkollegen tauschen würde. „Ich wäre viel lieber so groß wie Pia!" Oder: „Ich wäre auch gerne so sportlich wie Michi!" Das sind Anzeichen dafür, dass Ihr Kind gerne jemand anders wäre.

**Hat Ihr Kind Angst vor neuen Aufgaben oder Herausforderungen?** Das können Sie leicht herausfinden, indem Sie Ihrem Kind eine neue Aufgabe im Haushalt geben oder es bei den Hausaufgaben unterstützen. Wie reagiert Ihr Kind auf bisher unbekannte Aufgaben? Verliert es schnell die Nerven oder will erst gar keinen Versuch wagen? Versuchen Sie, die Frage mit einem Ja oder Nein zu beantworten.

**Traut sich Ihr Kind viele Dinge gar nicht erst zu und vermeidet sie grundsätzlich?** Sagt Ihr Kind grundsätzlich zu neuen Aufgaben Nein und möchte diese erst gar nicht versuchen? Wie geht Ihr Kind mit Herausforderungen um? Meldet es sich gerne freiwillig, um Dinge als Erstes zu versuchen oder vermeidet es solche Situationen von Haus aus?

**Ist Ihr Kind schnell frustriert, wenn gewisse Dinge nicht auf Anhieb klappen?** Wie reagiert Ihr Kind, wenn es eine neue Aufgabe lösen muss und nicht gleich den Lösungsweg findet? Verliert es dann schnell die Nerven und wird frustriert oder aber beginnt es immer wieder von vorne, bis es einen geeigneten Lösungsweg findet? Wie bei den anderen Fragen, versuchen Sie auch hier ein eindeutiges Ja oder Nein zu finden.

**Gibt Ihr Kind rasch auf?** Wenn Ihr Kind an etwas scheitert, unternimmt es überhaupt einen neuen Versuch oder schreibt es das Projekt komplett ab, weil es die Hoffnung und den guten Glauben daran verloren hat?

**Ist Ihr Kind schnell gereizt oder sauer, wenn etwas nicht gelingt?** Wie reagiert Ihr Kind bei Rückschlägen? Geht es damit positiv um und versucht, aus den Situationen zu lernen oder aber wird es wütend und bockig? Beantworten Sie die Frage mit einem Ja oder Nein.

**Geht Ihr Kind nicht gerne in die Schule?** Steht Ihr Kind gerne morgens auf und blickt mit Vorfreude dem Schultag entgegen oder aber versucht es alles Mögliche, um nicht aufstehen und in die Schule gehen zu müssen? Täuscht Ihr Kind schon morgens Bauchschmerzen vor oder lässt sich am Vormittag von der Schule holen, weil es sich nicht gut fühlt? Weint Ihr Kind auf dem Weg in die Schule oder ist es sauer und gereizt? Dann merken Sie sich auch hier ein Ja oder Nein vor.

**Sucht Ihr Kind aktiv nach Bestätigung oder Ihrer Zuwendung?** Diese Frage können Sie bestimmt ganz einfach beantworten. Ist Ihr Kind ständig auf der Suche nach Ihrer Bestätigung, kann das ebenso ein eindeutiges Anzeichen sein. Diese Bestätigung kann sich Ihr Kind nicht nur auf positive Art und Weise holen, beispielsweise durch das fleißige Erledigen von Hausarbeiten oder aufgrund positiver Schulnoten, sondern auch durch negatives Auffallen.

Wenn Sie nun mehrere dieser Fragen mit Ja beantworten können, kann es gut sein, dass Ihr Kind ein geringes Selbstbewusstsein hat. In diesem Fall sollten Sie versuchen, sich intensiver um Ihr Kind zu kümmern – es braucht eine Extraportion Zuwendung! In Kapitel 6 haben wir außerdem einige Tipps zusammengesammelt, die Ihnen helfen können, Ihr Kind dabei zu unterstützen, Selbstvertrauen und innere Stärke aufzubauen. Sollten Sie es für notwendig halten, schrecken Sie auch nicht vor einer psychologischen Beratung in einer Beratungsstelle für Kinder und Jugendliche zurück! Es ist wichtig, dass Sie verstehen, welch wichtigen Beitrag ein gesundes Selbstbewusstsein zur Entwicklung Ihres Kindes trägt.

# 5. Die Killer eines starken Selbstbewusstseins

Im letzten Kapitel haben wir einige Anzeichen gesammelt, die auf ein schwaches Selbstbewusstsein und geringes Selbstvertrauen hinweisen könnten. In diesem Kapitel wollen wir Ihnen nun die ganz typischen Killer eines starken Selbstbewusstseins nennen. Diese Killer sind nämlich ganz eindeutig, und wenn Sie diese kennen, können Sie sie auch ganz gezielt vermeiden. Denken Sie kurz nach: Haben Sie Ihrem Kind schon einmal eine Barbie oder ein anderes Spielzeug für besonders gute Leistungen geschenkt? Oder wie sieht es mit dem bekannten Zeugnisgeld aus? Bekommt Ihr Kind von Ihnen oder anderen Verwandten einen Taschengeldzuschuss für besonders gute Zeugnisnoten? Haben Sie schon einmal Lob ausgesprochen, um das Kind in eine bestimmte Richtung – wenn auch unbewusst – zu lenken?

Werfen wir einen kurzen Blick auf die Details. Denken Sie, dass es förderlich ist, wenn Sie Ihrem Kind sagen: „Wenn du auf die Schularbeit eine gute Note schreibst, bekommst du eine neue Barbie"? Eigentlich hört sich das ja gar nicht negativ an, ist es aber! Diese Art von Belohnung hat nämlich rein gar nichts mit einer guten Beziehung zu dem Kind zu tun und fördert eine solche demnach auch nicht. Bei so einem Deal handelt es sich um eine beginnende Geschäftsbeziehung im Sinne von: „Gib mir das und du bekommst dafür".

Sie ist auch nicht von anderen Geschäftsbeziehungen, die Sie vielleicht aus Ihrem Arbeitsalltag kennen, zu unterscheiden. Ehrliche, lobende Worte hingegen sind etwas anderes, aber monetäre oder sachliche Belohnungen sind eher kontraproduktiv. Belohnen Sie Ihren Hund, wenn er Männchen macht, aber belohnen Sie nicht ein Kind – ein Kind sollte anderwärtig zu bestimmten Taten oder Aufgaben animiert werden. Die intrinsische Motivation, also die Motivation aus Interesse, Leidenschaft oder anderen, aus dem Inneren kommenden Motiven, ist auf jeden Fall einer extrinsischen Motivation, also beispielsweise der Motivation aufgrund von Geldzuweisungen oder Geschenken, vorzuziehen.

Vermeiden Sie zu viel Lob. Sie kennen bestimmt das Sprichwort: „Weniger ist mehr!" Dieses gilt auch bei ernst gemeintem, ehrlichen Lob. Denn Lob, das sich nicht verdient anfühlt, klingt nicht wahr. Wenn Sie beispielsweise einem Kind erzählen, dass es die Hausarbeit ganz toll erledigt hat, es aber in Wahrheit viele Fehler gemacht hat und dies ganz offensichtlich ist, dann tun Sie dem Kind mit Ihren Worten keinen Gefallen. Im Gegenteil, das Kind weiß selbst, dass die Leistung nicht gut war, und fühlt sich demnach auch nicht wohl mit den lobenden Worten. Es wäre hier besser zu sagen: „Ich weiß, dass das nicht deine beste Leistung war, aber wir haben alle solche Tage. Ich bin jedenfalls sehr stolz auf dich, dass du nicht aufgegeben und dich trotzdem so bemüht hast." Fügen Sie vielleicht noch hinzu: „Morgen klappt es dafür bestimmt wieder besser." Vermeiden Sie jedoch direkte Angriffe oder „Du-Aussagen" im Sinne von: „Du kannst das viel besser!" Oder: „Du hast dich wohl nicht richtig angestrengt", sondern bleiben Sie unbedingt neutral. Sagen Sie auch nicht, dass es morgen wieder besser laufen muss. Ein Muss führt nämlich zu Druck und Druck ist nicht die geeignete Methode, um Ihr Kind zu motivieren.

Lob ist nicht gleich Lob. Bestimmt haben Sie auch schon einmal unbewusst Lob ausgesprochen und damit Ihr Kind in eine ganz bestimmte Richtung zu lenken. Hilft das Kind fleißig im Haushalt mit, gibt es lobende Worte: „Toll hast du das gemacht". Wird jedoch nicht geholfen, bleiben die schmeichelnden Worte aus. Manchmal folgt sogar eine Strafe oder Liebesentzug. Hiermit vermitteln Sie Ihrem Kind ganz klar: „Ich habe dich nur dann lieb, wenn du mir hilfst!" Oder: „Ich habe dich nur dann lieb, wenn du … machst". Und das gilt es natürlich zu vermeiden, denn schließlich und endlich wollen Sie doch das Selbstwertgefühl des Kindes stärken und ein gesundes Selbstbewusstsein aufbauen!

Wie Sie das am besten tun können, erfahren Sie im nächsten Kapitel. Wir haben nämlich einige Strategien für Sie zusammen gesammelt.

# 6. Strategien zum Aufbau eines gesunden Selbstvertrauens, Selbstbewusstseins und Resilienz

Wie also können Eltern, Erziehungsberechtigte oder Lehrkräfte alles tun, um die Chancen zu maximieren, dass das Kind ein starkes Selbstbewusstsein entwickelt und ein gesundes Selbstvertrauen aufbaut, welches einen wichtigen Beitrag für die künftige Entwicklung darstellt, entscheidet, wie auf Schwierigkeiten reagiert wird, und wie mit Herausforderungen umgegangen wird? Wie kann ein hohes Selbstwertgefühl, aber auch Selbstakzeptanz, Glück und Wohlbefinden intensiv gefördert werden? Bevor wir Ihnen nun einige konkrete Tipps geben, wollen wir noch allgemeine Worte an Sie richten.

Zum einen müssen Sie erkennen, dass alle Kinder komplett unterschiedlich ticken - daher müssen sämtliche Ihrer Botschaften an die Kinder, deren Entwicklungsstand, Persönlichkeit und Temperament angepasst werden. Das kann sich durchaus schwierig gestalten, denn ist es in der Tat so, das, was einem Kind hilft, bei einem anderen Kind eher das Gegenteil hervorrufen könnte. Sie sollten sich also vorab einen guten Überblick über die Situation machen und das Kind kennenlernen. Nur so können Sie einen positiven Beitrag zur Entwicklung eines Kindes leisten.

Auch gibt es in der Kindeserziehung eine große Herausforderung, der sich viele Eltern im Laufe der Erziehung stellen müssen. Kinder, besonders, wenn sie älter werden, können von ihren Altersgenossen mehr beeinflusst werden als von ihren Eltern. Das äußert sich durch bockiges Verhalten, Verständnislosigkeit und das von vielen beschriebene Verhalten, wenn das Kind auf „Durchzug" schaltet – also die gesagten Worte bei einem Ohr hinein und beim anderen wieder rausgehen, ohne dabei wirklich wahrgenommen zu werden oder einen Mehrwert für das Kind darzustellen.

An dieser Stelle muss das fortwährende Bedürfnis nach Akzeptanz und Anpassung weniger mit Eltern als mit den Kollegen gleichen Alters in Verbindung gebracht werden. Außerdem können ältere Kinder die vernünftigen Botschaften, die ihre Eltern ihnen zu vermitteln versuchen, nicht nur ignorieren, sondern komplett falsch interpretieren. Seien Sie also nicht zu hart zu sich selbst, wenn Sie merken, dass ein Kind trotz Ihrer Bemühungen einen schlechten Weg einschlägt oder von dem Pfad abweicht, den Sie ihm geraten haben. Dabei handelt es sich um kein Anzeichen für eine schlechte Erziehung, sondern lediglich um eine Herausforderung, der sich sämtliche Eltern irgendwann einmal im Lauf des Heranwachsens eines Kindes stellen müssen. Es ist aber ebenso ein weiterer Beweis dafür, dass der Entwicklungsstand und die Persönlichkeit oder das Temperament eines Kindes ganz individuell zu betrachten sind und Ihre Handlungen stets angepasst werden sollten.

Grundsätzlich gibt es also kein Geheimrezept für die richtige Erziehung, die immer zu einem starken Selbstbewusstsein und gesunden Selbstvertrauen führt, sondern verschiedene Ansätze, die dann nach individueller Einschätzung von Ihnen angewandt werden können. Es gibt jedoch einen wesentlichen Punkt, den wir Ihnen nicht vorenthalten möchten. Dieser Punkt ist allgemeingültig und ist eigentlich auch immer – ganz egal, wie alt das Kind ist, welchen Entwicklungsstand es hat, welche Persönlichkeit oder welches Temperament das Kind auszeichnen. Alle Kinder müssen das Gefühl haben, dass sie für jemanden wichtig sind und sie jemand lieb hat.

Wenn Kinder nämlich auch nur einen kleinen Verdacht haben, der sie dazu bringt, die Hingabe oder Liebe ihrer Eltern infrage zu stellen, ist ihre emotionale Belastbarkeit vor allem auch außerhalb der Familie beeinträchtigt. Verunsichert über ihre Akzeptanz zu Hause können sie sich untertags nicht auf die Aufgaben in der Schule konzentrieren oder ihren Freunden mit offenen Ohren zuhören, sondern zweifeln an deren Selbst. Sie werden dadurch umso abhängiger von der Akzeptanz anderer und richten ihre Aufmerksamkeit automatisch darauf, wie sie andere davon überzeugen können, dass sie auch liebenswerte Menschen sind, anstatt ein starkes Selbstwertgefühl zu verinnerlichen und stolz auf die Charaktereigenschaften zu sein, die sie auszeichnen. Akzeptanz ist deshalb ein grundlegender Punkt, der in jede Erziehung und Kommunikation mit Kindern eingebaut werden kann.

## 1. Seien Sie ein gutes Vorbild!

Sie wünschen sich, dass Ihr Kind ein gesundes Selbstvertrauen hat und innere Stärke aufbaut? Dann beginnen Sie am besten, an sich selbst zu arbeiten. Als Elternteil sind Sie das Vorbild Ihres Kindes und Sie können diesem auch nur dann etwas glaubhaft vermitteln, wenn Sie selbst nach diesem Motto leben. Sind Sie schnell frustriert oder verärgert, wenn etwas nicht klappt? Arbeiten an sich selbst und wie Sie mit Niederlagen oder Frust besser umgehen können. Vergleichen Sie sich gerne mit anderen und kommen immer zu dem Ergebnis, dass alle Anderen es doch viel besser haben oder attraktiver und erfolgreicher sind als Sie selbst? Arbeiten Sie auch diesbezüglich an Ihrer Einstellung, denn nur so können Sie der Vorbildrolle, die Ihr Kind von Ihnen erwartet, gerecht werden.

Taten sind wesentlich wichtiger als Worte. Versuchen Sie, Ihrem Kind nämlich zu vermitteln, was es besser machen könnte, beobachtet dieses von Ihnen aber ein ähnliches Verhalten, wirkt dies eher weniger überzeugend, und führt auch zu keiner Verbesserung des Selbstbewusstseins Ihres Kindes. Die Vorbildfunktion ist übrigens auch wichtig, wenn es um den korrekten Umgang mit Schwächen geht. Lernen Sie Ihrem Kind von klein auf, dass jeder Mensch Stärken und Schwächen hat, und diese von Person zu Person unterschiedlich ausgeprägt sind. Nur so kann das Kind verstehen, dass es völlig in Ordnung ist, andere Stärken oder Schwächen zu haben als die Mitschüler. Gehen Sie dabei auch offen mit Ihren eigenen Schwächen um. Kinder brauchen keine Superhelden, sondern Eltern, die ihnen viele Weisheiten mit auf den Weg geben, ohne die Kinder zu sehr in Watte zu packen – aber dazu später noch mehr. Seien Sie jedenfalls offen und ehrlich und zeigen Sie, dass man sehr wohl Fehler machen darf.

Wenn Sie sich mit alltäglichen Aufgaben beschäftigen (z. B. Laub rechen, Essen machen, Geschirr aufräumen oder das Auto waschen), gehen Sie mit gutem Beispiel voran. Ihr Kind lernt, Hausaufgaben zu machen, Spielzeug aufzuräumen oder das Bett zu machen.

Auch das Modellieren der richtigen Einstellung zählt. Wenn Sie Aufgaben fröhlich erledigen (oder zumindest ohne zu murren oder zu klagen), bringen Sie Ihrem Kind bei, dasselbe zu tun. Wenn Sie vermeiden, durch die Hausarbeit zu hetzen und auf eine gute Arbeit stolz zu sein, bringen Sie Ihrem Kind bei, das auch zu tun.

## 2. Sprechen Sie aktiv mit Ihrem Kind!

Fragen Sie Ihr Kind, wie es ihm geht, und erkundigen Sie sich nach schulischen Tätigkeiten. Zeigen Sie aktives Interesse an Ihrem Kind und seinen Gefühlen. So lernt Ihr Kind über sich selbst zu sprechen und merkt außerdem, dass seine Gefühle oder Gedanken ernst genommen werden und anderen Menschen wichtig sind. Hören Sie dabei unbedingt gut zu und lassen Sie sich dabei nicht vom TV, Computer oder Smartphone ablenken, denn nur so merkt Ihr Kind, dass es Ihre Aufmerksamkeit gewonnen hat. Zuwendung und Zeit – das können Sie Ihrem Kind schenken und glauben Sie uns, es sind die wertvollsten Dinge, die Sie Ihrem Kind geben können. Über eine neue Puppe oder neues Lego wird sich Ihr Kind zwar freuen, aber viel wichtiger als sachliche Zuwendungen ist Ihre Zeit. Indem Sie Ihrem Kind ungestört zuhören oder mit ihm spielen, wird es merken, dass es wichtig ist, und wird dadurch auch selbstbewusst. Wenn Sie nie Zeit für Ihr Kind haben oder Ihr Kind mit einem: „Ich spiele später dann mit dir" vertrösten, wird es sich selbst schnell für unwichtig halten.

## 3. Zeigen Sie Gefühle!

Sagen Sie Ihrem Kind, dass Sie es lieb haben. Nehmen Sie es in den Arm. Zeigen Sie Ihrem Kind, wie froh Sie doch sind, dass es da ist. Gefühle werden viel zu selten gezeigt und liebe Worte viel zu selten gesagt. Doch gerade diese Dinge sind essenziell für ein starkes Selbstbewusstsein, denn nur so weiß Ihr Kind, dass Sie, ganz egal, was kommen mag, immer für es da sein werden. Grundsätzlich geht es aber auch gar nicht nur um Worte. Nehmen Sie Ihr Kind in den Arm oder lächeln Sie es an. Es geht um die kleinen Gesten, die Ihrem Kind vermitteln, dass es gemocht wird. Emotionale Wärme, aber auch Zuneigung sind von großer Bedeutung für die Entwicklung eines gesunden Selbstbewusstseins.

## 4. Lernen Sie Ihrem Kind mit Gefühlen umzugehen!

Dass Gefühle viel zu selten gezeigt werden und man auch nicht offen darüber spricht, führt dazu, dass Kinder oft gar nicht wissen oder lernen, wie sie mit Gefühlen umgehen können. Sprechen Sie deshalb ganz bewusst mit Ihrem Kind über Gefühle und darüber, dass man sich davor nicht fürchten muss. Man ist Gefühlen nicht hilflos ausgeliefert, sondern kann diese auch ganz einfach beeinflussen. Sagen Sie Ihrem Kind, dass es sich in Situationen, in denen es sich schlecht fühlt, einfach an etwas Schönes denken soll – vielleicht an einen gemeinsamen Urlaub oder einen lustigen Spielenachmittag mit Freunden. Schnell wird es sich besser fühlen! Vielleicht haben Sie selbst gute Tricks und wissen, wie man mit negativen Gefühlen umgehen kann – teilen Sie Ihre Erfahrungen mit Ihrem Kind. Ganz wichtig ist, dass Ihr Kind weiß, dass es sich für Gefühle nicht schämen muss. Das hilft enorm, und bald wird sich Ihr Kind öffnen und selbstbewusst mit Ihnen über Gefühle sprechen.

## 5. Loben Sie Talente und Fähigkeiten!

Kinder wollen geliebt werden. Jeder Mensch hat Fehler und für ein Kind ist es genauso, wie für Erwachsene, besonders wichtig zu sehen, dass es trotz Schwächen oder Imperfektion geliebt wird. Und was führt am einfachsten oder schnellsten zu einem Push des Selbstbewusstseins? Anerkennung und lobende Worte! Achten Sie hier aber unbedingt darauf, dass Sie Ihr Kind nicht für eine Fähigkeit an sich loben, sondern für die Mühe, die es sich gegeben hat oder wie sehr es sich angestrengt hat. Warum das so wichtig ist? Angenommen Ihr Kind kann besonders gut rechtschreiben und hat bisher alle Diktate gut gemeistert. Loben Sie Ihr Kind nun für diese Stärke, übt dies einen Druck auf Ihr Kind aus. Es entwickelt eine Angst vor dem Versagen, und dieser Druck führt dazu, dass sich schneller Fehler einschleichen können.

Generell sollten Sie mit Lob für gute Noten oder Leistungen sparsam umgehen. Das mag zwar in erster Linie etwas widersprüchlich klingen, macht aber durchaus Sinn. In dem Moment, in dem Sie Ihren Kind sagen, dass es eine Schularbeit wirklich „gut gemacht" hat, loben bzw. bewerten Sie damit das Tun Ihres Kindes. Kinder brauchen und wollen keine Bewertung oder Note von Ihren Eltern, sondern sie wollen gesehen werden. Sie wollen Aufmerksamkeit und beachtet werden, ohne dafür eine Leistung, also beispielsweise eine gute Note auf eine Hausarbeit, erbringen zu müssen.

Wenn Ihnen Ihr Kind zum Muttertag eine Karte bastelt, sehen Sie davon ab, die Karte mit einem „Sehr gut gemacht!" zu bewerten, sondern sagen Sie stattdessen: „Ja, ich sehe dich und die schöne Karte!" Ehrliche Freude hebt die positiven Worte hervor, und damit bewerten Sie auch nicht Ihr Kind, sondern zeigen ihm, dass Sie es wahrnehmen und klar und deutlich sehen. Hier ist ganz wichtig, dass Sie Ihr Kind mit Ihrer Botschaft auf einer Augenhöhe erreichen. Bewertungen jeglicher Art sind nicht dienlich, sondern führen zu einem schwachen Selbstbewusstsein.

Außerdem führt ständiges Lob zu einer Art Abhängigkeit. Ihr Kind gerät in einen Kreislauf und beginnt alle Dinge, die es tut, nur dafür zu tun, um am Ende von Ihnen gelobt zu werden. Das sind äußere

Anreize, die nicht die Motivation für das tägliche Handeln sein sollen. Es ist wichtig, dass Ihr Kind lernt Dinge zu tun, die es gerne machen möchte – also um seiner selbst willen. Nur so lernt das Kind die Liebe zum Tun und die inneren Anreize kennen.

Wichtig ist auch, dass Sie positive Worte finden, wenn Ihr Kind etwas Neues versucht und dieses auf Anhieb nicht klappt! Seien Sie froh, über den Versuch, den Ihr Kind unternommen hat, und zeigen Sie dies Ihrem Kind! Das führt uns gleich zum nächsten Tipp.

## 6. Sprechen Sie Ihrem Kind Mut zu!

Wenn Ihr Kind etwas Neues ausprobieren möchte, ermutigen Sie Ihr Kind, dies auch zu tun! Natürlich kann es passieren, dass Ihr Kind an einem neuen Hobby das Interesse verliert oder die Leidenschaft dann doch nicht so groß ist, wie anfangs gedacht. Wichtig ist jedoch, dass Sie Ihr Kind unterstützen und ihm die Sicherheit geben, dass Sie ihm helfen werden, sollte es Ihre Unterstützung benötigen. Hier sollten Sie aber unbedingt aufpassen, dass Sie sich nicht aufdrängen. Helfen Sie Ihrem Kind dann, wenn es darum bittet oder offensichtlich ist, dass es Zweifel hat und nicht weiterkommt. Solange Ihr Kind selbstsicher an seinem Projekt arbeitet, vermitteln Sie ihm, dass es die Aufgabe alleine schaffen wird. Glauben Sie daran, denn diese Unterstützung braucht Ihr Kind. Wenn Sie sich nicht sicher sind, ob Ihr Kind Hilfe braucht oder nicht, können Sie Ihr Kind auch fragen, ob es etwas von Ihnen braucht. Formulieren Sie hier aber bitte gezielt eine Frage wie: „Kann ich dir zur Hand gehen?" Und sagen Sie nicht etwa: „Ich helfe Dir!"

## 7. Kritisieren Sie niemals die Person!

Natürlich sollten Sie Ihrem Kind auch lernen, wie man richtig mit Kritik umgehen sollte. Deshalb ist es wichtig, dass Sie Ihrem Kind sagen, was es zu sagen gibt. Sie sollten jedoch niemals Ihr Kind persönlich kritisieren, sondern immer nur das (Fehl)-Verhalten, das Ihnen so gar nicht gefällt. Wird die Person an sich kritisiert, kann dies schnell falsch verstanden werden und Ihr Kind verletzen. Formulieren Sie Kritik deshalb bewusst so, dass es eindeutig das Verhalten betrifft, nicht aber die Person selbst. Ein Vorschlag von unserer Seite: „Ich hab dich lieb, aber deine Unaufmerksamkeit gefällt mir nicht."

## 8. Respektieren Sie die Einzigartigkeit Ihres Kindes!

Kinder beginnen sich bereits in jungen Jahren zu vergleichen. Das passiert vor allem dann, wenn ältere oder jüngere Geschwister im Haushalt leben. Achten Sie darauf, dass Sie die Kinder untereinander nicht vergleichen, sondern die Stärken des Einzelnen hervorheben, denn darauf kommt es an. Jedes Kind ist einzigartig und das ist gut so! Wenn Sie Ihre Kinder jedoch vergleichen, kann dies von gerade jüngeren Kindern falsch verstanden werden. Diese wissen nicht, dass die unterschiedlichen Vorzüge positiv zu bewerten sind und Sie Ihren Vergleich eigentlich gar nicht negativ meinen.

Respektieren Sie Ihr Kind und seinen aktuellen Wissensstand. Kinder lernen sehr viel, aber auch unterschiedlich schnell. Nicht jedes Kind erlangt ein bestimmtes Wissen gleich schnell wie andere Kinder. Wichtig ist dabei, dass Sie Ihr Kind respektieren und nicht testen oder auf den Prüfstand stellen. Wenn Sie mit Ihrem Kind sprechen oder es etwas fragen, machen Sie daraus keine Lehrstunden. Überprüfen Sie nicht den Wissensstand Ihres Kindes mit Fragen wie „Was ist das?", sondern respektieren Sie Ihr Kind für das, was es bereits weiß. Wenn Sie Ihr Kind einem Test unterziehen und es die Fragen, die Sie ihm stellen, nicht beantworten kann, ist das demütigend und lässt Ihr Kind zweifeln. Lassen Sie dies nicht zu, sondern entwickeln Sie einen Respekt für die kleine Persönlichkeit, die Sie großziehen dürfen.

## 9. Lassen Sie Ihr Kind Erfahrungen sammeln!

Dabei handelt es sich um ein häufiges Problem und doch meinen es die meisten Eltern nur gut. Vorsicht: Es ist wichtig, dass Ihr Kind eigene Erfahrungen sammeln kann, denn nur so kann es ein gesundes Selbstvertrauen und Selbstbewusstsein entwickeln. Zu diesen Erfahrungen zählen leider auch bestimmte Fehler, die Kinder machen, um dann daraus zu lernen, aber auch Zurückweisungen, Schmerz und Kummer zählen dazu. Niederlagen gehören genauso wie große Erfolge zum Leben, und für Kinder ist es wichtig, dass sie all dies erleben können. Überbehütete Kinder können mit schmerzhaften Erfahrungen nicht umgehen und auch lernen sie die wirkliche Welt nicht kennen.

Indem man ein Kind vor allem beschützen möchte und jegliche Steine aus dem Weg räumt, sorgt man eigentlich nur dafür, dass das Kind an eine heile Welt glaubt, eine heile Welt, die es in dieser Form aber nicht gibt. Kinder, die keine eigenen Erfahrungen sammeln dürfen, sind nicht fähig, innere Stärke zu entwickeln, können deshalb auch keine Stärke und Resilienz entwickeln, und werden in weitere Folge oft mit den kleinsten Problemchen nicht fertig. Auch fällt es ihnen viel schwerer, sich an andere Lebensumstände oder Bedingungen anzupassen. Für Kinder ist es wichtig, Erfahrungen zu machen, denn so lernen sie Schmerzen kennen und wissen auch, dass man Schmerz überlebt, es jedoch manchmal im Leben Situationen gibt, die alles andere als angenehm sind, aber zum Leben dazugehören.

Spätestens im Schul- oder Arbeitsleben werden Kinder dann mit Situationen konfrontiert, die sie bisher nicht kennenlernen durften, und sind dann restlos überfordert. Dazu zählen beispielsweise der Druck vor Prüfungen oder die Anforderungen im Berufsalltag. Ein gesundes Selbstvertrauen und auch Selbstbewusstsein muss sich natürlich entwickeln können, denn nur so ist Ihr Kind für die Zukunft gewappnet. Wenn Ihr Kind selbst Erfahrungen sammeln kann, ist es auch so, dass es in schwierigen Situationen scheitern wird. Wir wollen an dieser Stelle nicht den Miesepeter spielen, aber Sie sind bestimmt genauso, wie wir selbst schon einmal saftig auf die Nase gefallen. Das gehört genauso zum Leben mit dazu und wie sagt man so schön? Aus Fehlern lernt man.

Wichtig ist, dass Sie Ihr Kind in einer solchen Situation nicht kritisieren oder bestrafen, sondern ihm dabei helfen, die Sache wieder in Ordnung zu bringen. In diesen Situationen hat Ihr Kind mit sich selbst genug zu kämpfen und je nach Situation wird es selbst wissen, dass es einen Fehler begangen hat und sich dumm oder gedemütigt vorkommen. Seien Sie für Ihr Kind da und erzählen Sie ihm über Ihre Missgeschicke oder die Fettnäpfchen, in die Sie getreten sind. So lernt Ihr Kind schnell, dass es jedem einmal passieren kann, und wird daran arbeiten, die Situation wieder gut zu machen. Reiben Sie Ihrem Kind Fehler keinesfalls unter die Nase – auch nicht ein Jahr später!

## 10. Unterstützen Sie Ihr Kind auf seinem Weg!

Besonders wichtig ist auch, dass Sie Ihr Kind auf seinem Weg unterstützen. Hier liegt die Betonung ganz klar bei „auf seinem Weg" – Ihr Weg ist nicht der Gleiche wie der Ihres Kindes. Sie müssen hier auf jeden Fall lernen, dass es auch noch andere Wege gibt und nicht nur Ihren eigenen. Es ist wichtig, dass Ihr Kind lernt, dass mehrere Wege zum Ziel führen und eine gewisse Experimentierfreude entwickelt. Unterstützten Sie Ihr Kind dabei. Auch wenn Sie vermuten, dass Ihr Kind auf dem Holzweg ist, reagieren Sie stets neutral und lassen Sie Ihr Kind den Weg gehen. Ist Ihr Kind am Ende enttäuscht, weil es doch nicht so geklappt hat, wie es sich das erwartet hätte, reagieren Sie liebevoll auf die Enttäuschung und Frustration. Sagen Sie keinesfalls: „Ich wusste doch, dass das nicht klappen wird." Oder: „Ich habe dir doch gesagt, dass das so nicht funktioniert!" Auch, wenn es anfangs schwer ist, Ihre Meinung für sich zu behalten oder Sie genervt sind, weil Sie es aufgrund Ihrer Lebenserfahrung einfach besser wissen, tun Sie es Ihrem Kind zuliebe, denn nur so kann es ein starkes Selbstvertrauen und gesundes Selbstbewusstsein aufbauen.

Ebenso sollten Sie sämtliche Pläne, die Sie vielleicht bereits für Ihr Kind gemacht haben, loslassen. Erwarten Sie nichts, sondern lassen Sie sich von den Ideen Ihres Kindes überraschen. Kinder wollen nicht nur geliebt werden, sie wollen auch Ihren Eltern gefallen. Manchmal verbiegen Sie sich dabei so sehr, dass von Ihrer eigenen Identität nur noch recht wenig übrig bleibt. Indem Sie sich aber über Ihr Kind freuen und vor allem über die Dinge, die es von sich aus interessant finden wird, unterstützen Sie es bei seinem natürlichen Wachstum. Ihr Kind wird sich dabei zu einer tollen Persönlichkeit entwickeln und vor allem einen eigenen Weg finden, den es gehen wird. Ihr Kind wurde nicht geboren, um Ihre Erwartungen zu erfüllen oder einen Weg zu gehen, den Sie vielleicht für richtig halten.

Auch, wenn Ärzte, Anwälte oder Buchhalter gut verdienen und als sehr sichere Arbeit angesehen werden, drängen Sie Ihr Kind nicht in eine Richtung. Wenn Ihr Kind lieber Automechaniker oder Friseurin werden möchte, unterstützen Sie es auf diesem Weg. Geben Sie Ihrem Kind die Chance, wenn es Ihnen erklären möchte, warum es einen bestimmten Weg gehen will. Lehnen Sie nicht von vorneherein alles sofort ab, ohne überhaupt zuzuhören. Wenn Sie Ihrem Kind das Gefühl geben, dass die Entscheidung nicht gut ist – hier ist schon der kleinste Funken an Zweifel hinderlich – dann wird es selbst an seiner Entscheidung zweifeln und denken, dass die Entscheidung sowieso falsch ist.

## 11. Erklären Sie Verbote objektiv!

Punkt 10 mag vielleicht den Anschein erweckt haben, dass Sie Ihrem Kind alles erlauben müssen. Ihr Kind zu unterstützen heißt nicht, dass Sie Ihrem Kind alles erlauben müssen. Wenn Sie merken, dass Ihr Kind sich in Gefahren begibt oder dabei ist, einen großen Fehler zu begehen, dann sollten Sie natürlich eingreifen. Aber eine Berufswahl, mit der Sie nicht zufrieden sind oder ein Haarschnitt, der Ihnen nicht gefällt, ist kein Grund um ein Verbot auszusprechen. Wenn Sie ein Verbot aussprechen, dann sollten Sie dieses immer begründen. Ein einfaches „Nein" führt zu Missverständnissen und auch wird Ihr Kind künftig Schwierigkeiten haben, eigene Entscheidungen zu treffen. Sagen Sie Ihrem Kind genau, warum Sie etwas nicht wollen oder etwas für eine ganz schlechte Idee halten. Wenn Sie selbst aus Erfahrung sprechen, dann teilen Sie diese mit Ihrem Kind. Natürlich sollten Sie das altersgerecht erklären, dass Ihr Kind Ihnen folgen kann. Aber nochmals zur Erinnerung: Unterstützen Sie Ihr Kind auf seinem Weg und lassen Sie es unbedingt selbst Erfahrungen sammeln!

## 12.  Lassen Sie Ihr Kind Verantwortung tragen!

Geben Sie Ihrem Kind schon recht früh so viel Verantwortung, wie es auch tatsächlich tragen kann. Wenn Sie Ihrem Kind immer sagen, was es zu tun hat, wird es bald unfähig sein, selbst für sich zu sorgen. Sie können dies ganz leicht selbst ausprobieren, indem Sie Ihrem Kind nicht sagen, wann es müde ist. Wenn Ihr Kind unter der Woche länger aufbleiben will als eigentlich erlaubt, dann lassen Sie dies zu. Ihr Kind wird eine wichtige Lektion lernen. Am nächsten Morgen muss Ihr Kind nämlich trotzdem schon zeitig aufstehen und Ihr Kind wird wahrscheinlich sehr müde sein. Das wird Ihrem Kind nicht gefallen, aber dadurch wird es auch verstehen, warum Sie immer sagen, dass es zeitig zu Bett gehen soll. Erklären Sie Ihrem Kind dann, dass jeder Mensch eine gewisse Verantwortung tragen muss und es wichtig ist, dass man das lernt.

Schon im Kindergarten, aber auch in der Schule oder später im Arbeitsleben ist es wichtig, dass man morgens frisch und munter ist und dann auch Leistungen erbringen kann. Deshalb ist ein frühes zu Bett gehen sinnvoll – lassen Sie Ihr Kind Verantwortung übernehmen und so wichtige Dinge für das Leben lernen. Diese Art von Selbstbestimmung ist förderlich für die künftige Entwicklung. Es kann natürlich sein, dass es einige Tage dauert, bis Ihr Kind daraus lernt, aber Ihr Kind wird früher oder später einen eigenen Schlafrhythmus entwickeln. Geben Sie Ihrem Kind die Verantwortung für den eigenen Schlaf zurück und lassen Sie es auch sonst öfter mal zum Zug!

Das kann so aussehen, dass es Ihnen im Haushalt helfen kann. Geben Sie Ihrem Kind kleine Aufgaben, die es erfüllen kann. Sie möchten morgens Obstsalat essen. Lassen Sie Ihr Kind Orangen schälen. Auch wenn dabei vielleicht ein Durcheinander entsteht, wird Ihr Kind durch solche Aufgaben lernen. Wenn Sie dankbar für die Hilfe sind, ist das ebenso förderlich für das gesunde Selbstbewusstsein.

# 7. Schritt-für-Schritt-Anleitung

Wie Sie im sechsten Kapitel gelesen haben, ist es von großer Bedeutung, dass auch Sie ein gutes Vorbild für Ihre Kinder sind. Was können Sie aber tun, wenn Sie selbst Probleme mit dem Selbstbewusstsein haben? Bestimmt fragen Sie sich nun, wie Sie einem Kind dabei helfen können, wenn Sie selbst unsicher sind und Probleme dabei haben, sich für die Fähigkeiten zu akzeptieren, die Sie auszeichnen. In dieser kleinen Schritt-für-Schritt-Anleitung wollen wir Ihnen zeigen, wie Sie die Probleme direkt angehen können. Sie soll Ihnen helfen, an sich selbst arbeiten zu können, aber ebenso helfen, die Arbeit mit Ihrem Kind direkt aufzunehmen, um ein verbessertes Selbstbewusstsein zu erreichen.

Schritt 1: Stellen Sie sich folgende Frage:

„Was ist mir wichtig?" Sie können diese Frage auch bewusst anders formulieren: „Welche Qualitäten bewundere ich an anderen?"

Hier ist ganz gleich, ob Sie jemanden um das schön gepflegte, große Haus beneiden, oder um die langen, definierten Beine. Die Chancen stehen gut, dass diese Bewunderung viel damit zu tun hat, wie Sie sich verhalten und was Ihnen an sich selbst wichtig ist. Denken Sie daran, wenn Sie mit der anderen Person zusammen sind. Wie verhalten Sie sich dann? Und vor allem: Wie fühlen Sie sich in diesem Moment? Ist diese Person besonders hilfreich oder supersportlich? Vielleicht sind gerade das auch Eigenschaften, die Ihnen wichtig sind und die Sie gerne in sich selbst auch weiterentwickeln möchten.

Ihr Kind wird Ihnen auf diese Fragen wohl keine eindeutigen Antworten geben können. Doch können Sie bei der Kommunikation mit einem Kind sehr wohl dem eigentlichen Problem auf den Grund kommen und herausfinden, wo der Schuh drückt. Spricht Ihr Kind oft über

Lisa, die gut singen kann oder über Peter, der seit kurzem Fußball im Verein spielt? Vielleicht fühlt sich Ihr Kind deshalb ausgeschlossen und möchte ein Musikinstrument lernen oder auch Sport im Verein treiben. Wie bereits beschrieben, sind soziale Beziehungen wichtig und haben außerdem einen großen Einfluss auf das Selbstbewusstsein eines Kindes. Überlegen Sie, ob Sie hier eventuell Verbesserungsbedarf aufdecken können.

Schritt 2: Nun stellen Sie sich folgende Frage.

„Was muss ich tun, um in Übereinstimmung mit dem zu leben, was mir wichtig ist?"

Beneiden Sie Ihre Freundin Louise für Ihre freiwillige Mitarbeit in der lokalen Pfarre oder finden Sie super, dass Karl schon seit seiner Jugend Mitglied der Feuerwehr in Ihrem Heimatort ist? Finden Sie Wege, wie auch Sie wohltätig sein können oder werden Sie Mitglied der Feuerwehr. Das sind natürlich nur Beispiele. Wenn Sie gerne anderen Menschen helfen möchten, tun Sie einer lieben Person einen Gefallen oder helfen Sie einem Freund aus. Man wird es Ihnen danken und Sie fühlen sich bestimmt auch besser, wenn Sie Aktivitäten nachgehen, die Ihnen dabei helfen, sich mehr mit sich selbst zu identifizieren.

Wenn Sie wissen, dass Ihr Kind gerne in einem Verein sportlich aktiv werden möchte oder ein Musikinstrument lernen möchte, helfen Sie Ihrem Kind dabei, sich in dieser bestimmten Richtung weiter zu entwickeln. Besuchen Sie die Musikschule in der Stadt und suchen Sie ein Gespräch mit einem Musiklehrer. Finden Sie gemeinsam ein Instrument, das zu Ihrem Kind passt. Oder überlegen Sie, welche Sportart am besten geeignet ist. Ihr Kind kann in einem gewissen Alter noch nicht selbstständig Entscheidungen treffen oder Verträge unterzeichnen, bestimmt weiß es auch gar nicht, dass man (fast) alles lernen kann.

Machen Sie deshalb aktiv für Ihr Kind einen Schritt in die richtige Richtung! Und sollte aus finanziellen Gründen kein Beitritt in einen Verein oder eine Musikschule möglich sein, finden Sie andere Wege, um hier einen Ausgleich zu schaffen. Hobbys müssen nicht unbedingt teuer sein. Sprechen Sie sich mit anderen Müttern gleichaltriger Kinder ab und vereinbaren Sie wöchentliche Nachmittage zum Fußballtraining, werden Sie kreativ und finden Sie einen Weg!

Schritt 3: Üben Sie Vergebung!

Oft fühlt es sich besser oder sicherer an, sich bewusst auf etwas Äußeres oder Materielles zu konzentrieren, das Ihnen nicht gut genug erscheint, anstelle sich auf das zu konzentrieren, das Sie sich anders gewünscht hätten. Wir möchten hier ausdrücklich betonen, dass Fehler zum Leben dazugehören und ein ganz normaler, sogar wesentlicher Bestandteil unseres Lebens sind. Denken Sie an Ihre Kindheit zurück! Sie mussten zuerst lernen, aufrecht zu sitzen, bevor Sie lernten, zu krabbeln und danach lernten Sie die ersten Schritte selbstständig zu gehen. Denken Sie an die unzähligen Male, die Sie gestürzt sind. Immer und immer! Und nun denken Sie an Dinge, die Sie sich aktuell anders wünschen! Was hat sich geändert, außer, dass Sie einige Jahre dazu gewonnen haben? Versuchen Sie es nochmal – wieder und wieder, bis es Ihnen gelingt! Vergeben Sie sich selbst für Dinge, die nicht optimal laufen, und stehen Sie immer wieder auf und versuchen es nochmals.

Nur so können Sie auch ein gutes Vorbild für Ihr Kind sein und die Bedeutung eines starken Selbstbewusstseins kommunizieren.

Schritt 4: Setzen Sie sich Ziele, die mit Ihren Werten übereinstimmen!

Setzen Sie sich Ihre Ziele stets in Übereinstimmung mit dem, was Ihnen wichtig ist. Sie, als Mensch, definieren Werte, die für Sie wichtig sind. Wenn Sie sich ein Ziel setzen, schauen Sie darauf, dass das Ziel in Einklang mit Ihren Werten steht, und sollte das nicht der Fall sein, überdenken Sie entweder Ihre Werte oder Ihr Ziel. Eventuell müssen Sie das eine oder andere adaptieren, um in Einklang zu leben.

Wenn Ihr Kind ein Alter erreicht, in dem es eigene Werte definiert, lassen Sie auch zu, dass Ihr Kind sich Ziele setzt, die mit den eigenen Werten in Einklang stehen. Natürlich sind Sie als Vorbild für viele Werte mitverantwortlich oder geben dem Kind zumindest eine bestimmte Grundlage für eine eigene Entwicklung, doch ist es so, dass Ihr Kind nicht zwangsläufig dieselben Werte annehmen wird, wie Sie selbst. Reagieren Sie hier nicht verärgert und sauer, sondern lassen Sie zu, dass Ihr Kind einen eigenen Weg geht. Unterstützen Sie es dabei!

Schritt 5: Seien Sie dankbar!

Fragen Sie sich jeden Tag folgende Frage: „Wofür bin ich dankbar?" Jeder, wirklich jeder, sollte jeden Tag zumindest eine kleine Sache finden, für die er dankbar ist. Auch wenn die Dinge zu einem bestimmten Zeitpunkt schlecht erscheinen und alles erdrückend wird, können wir dankbar sein, für die Freundschaft oder Liebe von einer bestimmten Person, für die Sonne, die für uns scheint oder für die wichtigen Lektionen, die wir in unserem Leben bisher schon lernen durften. Bald wird sich Ihr Fokus verändern, und Sie werden nicht mehr alles Negative sehen, sondern auch die vielen schönen Dinge im Leben bewusster wahrnehmen. Auch wenn es sich bei diesem Schritt um einen kleinen Schritt handelt, ist dieser besonders wichtig.

Geben Sie Ihrem Kind dies unbedingt weiter. Auch kleine Kinder können dankbar sein – fragen Sie es daher: „Was hat dir am heutigen Tag besonders gut gefallen?" Ganz egal, ob es das gemeinsame Spielen mit den Nachbarskindern ist oder der abendliche Spaziergang oder einfach nur das übliche Abendessen am großen Tisch – Ihr Kind zeigt in diesem Moment nicht nur Dankbarkeit, sondern der Fokus wird auf etwas Positives oder Schönes gelenkt.

Schritt 6: Sehen Sie sich so, wie Sie sich sehen möchten!

Sie tun sich nichts Gutes damit, indem Sie an alten Vorstellungen über Ihr Selbst festhalten. Sie brauchen diese Ideen, die Vorstellungen und Einschränkungen nicht in Ihrem Leben. Sehen Sie sich so, wie Sie sich sehen möchten. Fühlen Sie sich so, wie Sie sich fühlen möchten. Investieren Sie Zeit in Dinge, die Sie gerne tun und die Ihnen viel bedeuten. Arbeiten Sie durchaus mit Bildmaterial, denn das hilft zusätzlich, Ihren Fokus auf das von Ihnen Gewünschte zu ziehen.

Ihr Kind können Sie ähnlich unterstützen. Wenn Sie sehen, dass Ihr Kind gerne sportlich aktiv ist, unterstützen Sie dieses Interesse. Eine zusätzliche Einheit pro Woche oder Sport in einer Mannschaft kann Balsam für die Seele sein. Wenn Ihr Kind ein Poster aufhängen möchte, lassen Sie dies zu. Gerne können Sie auch mit dem Kind ein Poster basteln – kleben Sie all die schönen Dinge, die das Kind gerne mag oder tut, auf ein großes Plakat. Das hilft nicht nur bei Erwachsenen, sondern auch bei Kindern!

Schritt 7 - optional: Holen Sie sich zusätzliche Hilfe.

Wenn Sie merken, dass Sie mit den bisherigen Schritten wenig erfolgreich sind oder die Verbesserung nicht wie gewünscht einsetzt, ziehen Sie auch professionelle Hilfe in Betracht. Es ist keine Schande mit einem Psychologen oder Coach über die schwierigen Situationen in Ihrem Leben zu sprechen, und auch für Kinder gibt es passende Einrichtungen, die Sie unterstützen können.

# Schlusswort

In diesem Schlusswort wollen wir nochmals die Gründe, warum Sie unbedingt an einem positiven Selbstvertrauen arbeiten sollten, in Erinnerung rufen. Wie wir Ihnen in diesem E-Book umfangreich erklärt haben, ist ein gesundes Selbstbewusstsein die Grundlage für eine erfolgreiche, zufriedene Zukunft. Sollten Sie oder Ihr Kind kein gesundes Selbstbewusstsein haben, ist es sehr ratsam, daran zu arbeiten, dieses aufzubauen. Sie, als Vorbild Ihres Kindes, sollten unbedingt an sich arbeiten, um im Denken Ihres Kindes eine Veränderung hervorzurufen. Aber auch für Sie selbst ist es von grundlegender Bedeutung. Je selbstbewusster Sie werden, desto mehr wird sich Ihr Leben verbessern – in jeglicher Hinsicht. Deshalb ist es auch so wichtig, und all die Zeit, Mühen und Energien wert, dies zu tun.

Abschließend haben wir noch die 10 Vorteile eines gesunden Selbstvertrauens für Sie zusammengefasst, um Ihnen nochmals klar zu machen, dass ein gesundes Selbstbewusstsein für Ihr Kind von großer Bedeutung ist, und Sie dieses unbedingt bei der Entwicklung eines solchen unterstützen sollten.

Zusammenfassend könnte man sagen, dass ein gesundes Selbstvertrauen dabei hilft, glücklicher und erfolgreicher zu sein. Das stimmt natürlich, ist aber nicht die Antwort, die wir Ihnen hier geben möchten. Man muss schon etwas in die Tiefe gehen, um die spezifischen Vorteile eines verbesserten Selbstbewusstseins zu identifizieren, und diese dann auch dementsprechend zu verstehen.

Vorteil #1 – Je mehr Selbstbewusstsein Sie haben, desto größer wird auch das Selbstwertgefühl. Was bedeutet dies konkret? Je mehr Sie sich selbst und Ihre Fähigkeiten schätzen, desto positiver werden Sie sich selbst sehen. Tief in Ihrem Innersten hat sich ein bestimmtes Bild von Ihnen manifestiert. Vielleicht ist es das Bild einer erfolgreichen

Frau, oder aber auch das Bild einer grauen Maus. Tatsache ist, je höher Ihr Selbstbewusstsein ist, desto mehr wird sich das Bild in Ihrem Kopf zu einem anderen verändern.

Hier geht es nicht darum, ein Bild zu entwickeln, mit dem Sie sich nicht identifizieren können, sondern ganz im Gegenteil! Sie wollen sich künftig auch selbst so sehen, wie Sie von anderen gesehen werden. Und das ist auch für Kinder von großer Bedeutung. Sieht sich das Kind selbst als ängstlich und schüchtern, wird es nach außen keine andere Persönlichkeit zeigen. Wenn das Kind aber an Selbstbewusstsein gewinnt, und dieses auch nach außen hin stolz zeigen kann, wird sich das innere Bild langsam verändern, und das Kind automatisch einen gewissen Stolz entwickeln und gleich viel offener durchs Leben gehen.

Vorteil #2 – Je selbstbewusster Sie sind, desto glücklicher sind Sie! Wenn Sie ein gesundes Selbstbewusstsein haben, werden Sie automatisch glücklicher sein und das Leben in vollen Zügen genießen können. Wenn man sich schlapp fühlt und kein gutes Bild von sich selbst hat, ist es oft so, dass man das Leben gar nicht richtig genießen kann. Man ist damit beschäftigt, sich stets mit anderen Menschen zu vergleichen und das führt dazu, dass man die noch so kleinen Fehler viel deutlicher wahrnimmt. Was folgt? Unglück, Rückzug. Dinge, die Sie eigentlich gar nicht wollen. Wenn Sie jedoch selbstbewusst sind, macht Ihnen die Anwesenheit anderer Personen nichts, denn Sie wissen selbst, wie großartig Sie sind, und brauchen sich nicht mit anderen zu vergleichen.

Auch das gilt im selben Sinne für Kinder. Kinder sollen Ihre Kindheit genießen können. Dazu zählt das Entdecken von neuen Dingen, das mutige Bestreiten von Abenteuern oder das spielerische Kennenlernen unserer großen, bunten Welt. Denken Sie, dass ein Kind ohne Selbstbewusstsein dies in vollen Zügen umsetzen kann? Wohl eher nicht. Selbstbewusste Kinder hingegen werden zu kleinen Abenteurern, die glücklich und freudestrahlend die Schönheit der Welt kennenlernen.

Vorteil #3 – Sie werden frei von Selbstzweifeln! Haben Sie sich schon einmal gefragt, warum Sie eigentlich auf dieser Welt sind? Oder ob Sie es überhaupt verdient haben, zu leben? Das alles sind negative Gedanken und Selbstzweifel. Und das brauchen Sie garantiert nicht in Ihrem Leben. Jeder Mensch ist einzigartig. Jeder Mensch ist wertvoll. Und jeder Mensch hat es verdient, Dinge zu tun, die er tun möchte. Arbeiten Sie daran, all das im Leben zu erreichen, das Sie schon immer erreichen wollten. Und helfen Sie Ihrem Kind auf diesem Weg. Kinder wachsen in einer Zeit auf, in der sie sich schon von klein auf beweisen müssen – ganz egal, ob in der Schule oder später im beruflichen Alltag. Ein gesundes Selbstbewusstsein ist eine tolle Grundlage, um Ihr Kind gegen diese Eindrücke von außen abzuschirmen. Ihr Kind ist ebenso einzigartig, wie Sie es sind. Selbstzweifel und negative Gedanken sind mentale Folter – machen Sie einen großen Bogen darum!

Vorteil #4 – Sie werden stolz auf Ihre individuellen Stärken und Fähigkeiten! Je selbstbewusster Sie werden, desto besser werden Sie sich fühlen, wenn es darum geht, neuen Herausforderungen zu begegnen. Ein gesundes Selbstbewusstsein ist die Grundlage, um Stärken auch als solche wahrzunehmen und die Fähigkeiten, die Sie auszeichnen, als tolle Fähigkeiten anerkennen zu können. Auch für Ihr Kind ist es wichtig, dass es sich für seine Stärken und Fähigkeiten schätzt und nicht mit anderen vergleicht. Wenn Ihr Kind ein gesundes Selbstbewusstsein hat, wird es stolz Herausforderungen begegnen und neuen Aufgaben mit Stärke entgegen treten, und diese dann mit Bravour meistern.

Vorteil #5 – Sie werden frei von Ängsten! Wenn Sie gewissen Situationen gerne aus dem Weg gehen, dann liegt dies wahrscheinlich daran, dass diese Situationen ein mulmiges Gefühl in Ihnen hervorrufen. Vielleicht ist es aber auch die Angst vor der Situation? Eigentlich ist es auch nebensächlich, denn wichtig ist nur, dass Sie selbstbewusst sind und jeglicher Situation mit Stärke entgegen treten. Ein gesundes Selbstbewusstsein wird Ihnen helfen, frei von Ängsten zu sein, und mehr Vertrauen in sich selbst und Ihre eigenen Fähigkeiten aufzubauen. Lassen Sie sich überraschen und freuen Sie sich auf die selbstbewusste Version von sich selbst. Auch für Kinder ist es wichtig, dass Sie selbstbewusst neuen Situationen entgegentreten, denn Kinder sollen sich nicht vor den Herausforderungen des Alltags fürchten müssen.

Vorteil #6 – Ein gesundes Selbstbewusstsein ist wichtig für ein stressfreies Leben. Angst ist nicht nur Angst, und Selbstzweifel ist nicht nur Selbstzweifel. Jegliche negativen Emotionen – ganz egal, ob Angst oder Selbstzweifel – sind direkt mit Stress verbunden. Wenn wir uns vor einer Situation fürchten oder an uns und unseren Fähigkeiten zweifeln, dann führt das zu Stress. Und wir alle streben nach einem stressfreien Leben, denn das bedeutet automatisch auch mehr Seelenfrieden. Wichtig dafür ist das gesunde Selbstbewusstsein, an dem Sie arbeiten. Ebenso wichtig für Sie ist das Selbstbewusstsein für Kinder. Stress und negative Gefühle lenken Kinder von den eigentlichen Aufgaben des Alltags ab. Es kann sich dann nicht mehr auf die wesentlichen Dinge konzentrieren und ist oft abgelenkt. Das alles kann man aber mit etwas Zeit, Mühe und Energie verhindern, indem man beginnt, an einem starken Selbstbewusstsein zu arbeiten.

Vorteil #7 – Gehen Sie mit mehr Energie und Motivation durch das Leben! Wenn Sie an sich selbst glauben und sicher sind, dass Sie gewisse Dinge, die Sie erreichen wollen, ganz einfach erreichen können, dann werden Sie automatisch auch motivierter und mit Energie geladen durch das Leben gehen. Denken Sie an Ihr Kind vor einer wichtigen Schularbeit. Stellen Sie sich vor, dass sich Ihr Kind selbstbewusst und gut vorbereitet ans Werk macht und zu rechnen beginnt. Ist das nicht eine tolle Vorstellung? Selbstbewusstsein führt zu dieser Energie und der Motivation, die Schularbeit toll zu meistern. Es ist also nicht nur für Erwachsene, sondern auch für Kinder von großer Bedeutung, ein gesundes Selbstbewusstsein aufzubauen.

Vorteil #8 – Sie werden besser schlafen und sich bester Gesundheit erfreuen. Wie bereits unter Vorteil #6 angeführt, führt ein schwaches Selbstbewusstsein oft zu stressigen Situationen. Man fühlt sich für den

Alltag nicht gewappnet und es scheint so, als würde gar nichts so laufen, wie man es sich vorstellt. Und das ist natürlich eine unglaubliche Belastung – Stress ist praktisch vorprogrammiert. Wenn Sie nun daran denken, dass Sie diese stressigen Situationen nicht mehr durchleben müssen, denn Sie können in sich selbst und Ihre Fähigkeiten blind vertrauen, dann haben Sie weder Stress noch Angst davor. Auf der anderen Seite haben Sie mehr Seelenfrieden, Glück und Energie. All das wirkt sich positiv auf Ihren Schlaf und Ihre Gesundheit insgesamt aus. Für Ihr Kind ist das ebenso wichtig, wie für Sie selbst. Wenn das Kind gut ausgeschlafen und fit in die Schule geht, wird es vom Unterricht und den besprochenen Stoffgebieten wesentlich mehr profitieren, als wenn es müde und angeschlagen im Klassenzimmer sitzt. Ein gesundes Selbstbewusstsein kann sich nur positiv auf Ihr Leben auswirken!

Vorteil #9 – Sie sind frei von sozialen Ängsten und gehen offen auf andere Menschen zu! Je sicherer Sie sich fühlen, desto weniger müssen Sie sich vor anderen beweisen. Wenn Sie selbstbewusst sind und an sich selbst glauben, dann müssen Sie sich weniger Sorgen darüber machen, was andere von Ihnen oder Ihren Fähigkeiten denken. Sie können darauf vertrauen, dass Sie ein toller, liebenswerter Mensch sind, der seine Stärken ideal und zugunsten aller einsetzen wird. Sie müssen sich nicht mit anderen Menschen vergleichen. Diese haben gewiss auch Stärken – vielleicht unterscheiden sich deren Stärken von Ihren eigenen Stärken. Auch das ist kein Problem, denn das macht uns Menschen so einzigartig und besonders. Seien Sie stolz auf sich selbst und Ihre Fähigkeiten, und gehen Sie offen auf andere Menschen zu – ein starkes Selbstbewusstsein wird Ihnen hier unter die Arme greifen. Diese angenehmen Interaktionen sind wichtig für Sie, aber auch für Ihr Kind. Das fördert künftig auch den Respekt und das Vertrauen untereinander.

Vorteil #10 – Sie sind ein großer Erfolg! Falls es Ihnen bisher immer ein Rätsel war, warum selbstbewusste Menschen von Natur aus erfolgreicher sind, können Sie bestimmt verstehen, warum das so ist. Die besonders hohe Korrelation zwischen Selbstbewusstsein und Erfolg ergibt sich aus jedem Einzelnen der oben genannten Vorteile. Mit einem gesunden Selbstbewusstsein, werden Sie mehr Erfolg haben und vor allem schneller und einfacher erreichen, was Sie erreichen möchten. Glauben Sie an sich selbst, und der Rest wird sich von selbst ergeben. Diese wichtige Botschaft müssen Sie unbedingt auch Ihren Kindern mit auf die Reise geben, denn Grundlage ist wertvoll für die künftige Entwicklung.

Wir hoffen, dass wir Ihnen in diesem E-Book einen umfangreichen Überblick über das Thema Selbstbewusstsein für Kinder geben konnten. Wie Sie nun wissen, ist es von großer Bedeutung, dass Sie als Vorbild ebenso an sich arbeiten, wenn es denn Bedarf an einem verbesserten Selbstbewusstsein gibt. Wenn Sie die Strategien so anwenden, wie Sie am besten in Ihr Leben zu integrieren sind, werden Sie schnell Verbesserungen feststellen, die nicht nur für Sie, sondern auch für die künftige Entwicklung Ihres Kindes von großer Bedeutung sind.

Lassen Sie sich auf einen Selbstversuch ein und helfen Sie Ihrem Kind dabei, stark und selbstbewusst durch das Leben zu schreiten. Und sollten Sie merken, dass Sie dem Kind nicht die Unterstützung geben können, die es so dringend benötigt, dann schrecken Sie nicht davor zurück, sich professionelle Hilfe von außen zu holen. Ihr Kind wird es Ihnen später danken, denn ist das Selbstbewusstsein erst einmal schwer angeknackst, braucht es wesentlich mehr und vor allem intensivere Arbeit. Das können Sie sich und Ihrem Kind getrost ersparen. All die Vorteile, die wir in diesem Schlusswort für Sie aufgelistet haben, werden Sie bald kennenlernen und es wird Sie überraschen, wie schön das Leben für Sie und Ihre Kinder sein kann. Glauben Sie an sich selbst und lassen Sie Ihr Kind Kind sein!

Bis zum nächsten Mal.

# Impressum

Paula Käsgen wird vertreten durch:

Instyle Supply and Control Limited

20th Floor, Central Tower, 28

Queen's Road, Central, HK

Coverbilder

[creativelog] | [Fiverr]



## Haftung für externe Links

Das Buch enthält Links zu externen Webseiten Dritter, auf deren Inhalt der Autor keinen Einfluss hat. Deshalb kann für die Inhalte externer Inhalte keine Gewähr übernommen werden. Für die Inhalte der verlinkten Webseiten ist der jeweilige Anbieter oder Betreiber der Webseite verantwortlich. Die verlinkten Seiten wurden zum Zeitpunkt der Verlinkung auf mögliche Rechtsverstöße überprüft. Rechtswidrige Inhalte waren zum Zeitpunkt der Verlinkung nicht erkennbar. Eine permanente inhaltliche Kontrolle der verlinkten Webseiten ist jedoch ohne konkrete Anhaltspunkte einer Rechtsverletzung nicht zumutbar. Bei Bekanntwerden von Rechtsverletzungen werden derartige Links umgehend entfernt.

www.ingramcontent.com/pod-product-compliance
Lightning Source LLC
Chambersburg PA
CBHW070051260726
48658CB00002B/837